कुएँ के मेंढक

पल्लवी सुपेहिया

Acknowledgement

Many people claim to be self-made, but I don't identify with that.

This book wouldn't have been a possibility without my family and friends who literally and metaphorically breathed life into me. I would like to specifically thank those who helped me with this book.

Ms. Aditri Pendharkar for making the cover page. Mr. Rajnesh Kumar for formatting and other logistics. Ms. Aduiti Sharma, Maj. Pravesh Supehia, Capt. Sudhanshu Singh and Mr. Abhijeet Pendharkar for editing this book.

अनुक्रमणिका

भूमिका

मैं जब छोटी थी, आए दिन कुछ न कुछ कवितानुमा लिखा करती थी। सहपाठियों पर कोई व्यंग्य, कोई देश विदेश के समाचारों के बारे में पंक्ति, और कभी किसी सपने के बारे में कुछ ना कुछ लिखा ही करती थी। इन सब कविताओं को बड़े गर्व से मैं किसी पत्रिका या स्कूल मैगज़ीन में प्रकाशित करवाती थी। इन कविताओं को मैं स्कूल असेंबली में, पारिवारिक समारोहों में, किरानेवाले अंकल जी को बड़बोले बच्चे की तरह सबको सुनाती थी। कई लोग मुझे लफ़्ज़ बा लफ़्ज़ कविताओं को दोहराने के लिए भी कहते थे। इसका स्पष्ट उदाहरण है, मेरे दादी दादा जो की आज भी मुझसे मेरी पहली कक्षा की कविताएँ उन्हें सुनाने को कहते हैं।

अब बड़े हो कर मैं बेहतर तरीके से समझती हूँ, कि किसी बच्चे का कविता वाचन कितना मनमोहक लगता है; मैं कल्पना कर सकती हूँ कि मैं भी कितनी मनोहर लगा करती होऊंगी। बड़े हो कर मेरे अन्दर की स्वच्छन्द कविताएँ संकोचित हो गयी, वह परफेक्शन के बारे में सोचने लगी, और लोगों की उपलब्धियों के बारे में सोचने लगी। मेरी कविताएँ कुएँ के मेंढक जैसी हो गईं।

अब मैंने सोचा है की मैं अपने मेंढकों को कुएँ से बहार निकाल दूंगी और दुनिया देखने का मौका दूंगी। तो पेश है:

1. मृत्यु की चेतावनी

मंज़िल तो तेरी यहीं तक थी,
बस आते आते पूरी ज़िन्दगी बीत गई,

ऐसा भी क्या पूरी ज़िन्दगी कर लिया,
कि तेरे अपनों ने ही तुझे जला दिया,

कहाँ गई वो दौलत, कहाँ गए शबाब,
माँग रही हूँ मैं, है कोई जवाब?

खोल गठरी पैसों की,
कर सकता है, तो कर, भ्रष्ट मेरे यमदूत को भी,

'अरे, कितनी देर है और जलाने में?'
पूछा है तेरे ज़िन्दगी भर के यारों ने,

तू ऊँच जात होके भी, उन नीचों के संग खेलेगा,
जब तेरा बेटा तुझे, घर से बाहर, गंगा में धकेलेगा,

जिसे बड़ा जान-जान कहता फिरता है,
वो भी बस दो दिन आँसू बहाएगी,

कुछ दिन सफ़ेद पहनेगी तो क्या?

वो भी तुझे भूल जाएगी।

मौत की मेरी यह चेतावनी, तूने पहले भी पढ़ी थी,

जब मृत्यु शय्या पर तेरी माँ पड़ी थी ।

और देखना इस चेतावनी के बाद भी,

वो कुछ नहीं कर पाएंगे,

तेरे बेटे भी यहीं आएंगे ।

2. ज़नानियाँ

इक रंज भर है ज़िन्दगी,

ये सच छुपाने के लिए,

कि जनानियों की जात भी चाहिए,

दुनिया चलाने लिए ।

देखना कभी तुम,

सूरज के करते ही सजदा,

सड़क हो या गली,

एक मर्द ही है बचता ।

छोटे छोटे पिंजरों में पंछी सी बंद हो जाती हैं,

सोचना कभी रात होते ही सारी ज़नानियाँ कहाँ जाती है?

कोई बेगम होने का फ़र्ज़ निभाती है,

कोई अम्मी होने का भार ढोना शुरू हो जाती है ।

ये झूठ पानी पे तेल सा तैरने लगता है,

कि ये ज़माना जनानियों के बिना भी चलता है।

कोई ख़िलाफ़त जो करे इस अनकहे फरमान की

दबोच के, डरा के, बलात्कार से,

उसे सिखलाई दी जाएगी,

उसके बाद भी उसकी नुमाइश होगी,

औरों के लिए वह नमूना बनेगी,
की देख लो, यही हाल होगा,

अगर रात को बहार घूमोगी।

3. Lack of Sight

The mighty sea,
Couldn't see,
So she took away my junior's vision,

And it wasn't that he was unaware,
He was asked to take special care,
But he didn't pay attention,

So the water goddess spread her wings,
And took away things,
From people's possession,

But this wasn't enough for her,
So every nose, mouth and ear,
Was treated with asphyxiation,

Shot, was every creature,
With liquid neutral in nature,
This was the source of her elation!

But nothing can really be done now,
My junior is managing somehow,
He'll buy back his sight from an optician.

4. बचपन

दिमाग पर देने से ज़ोर ज़रा,

याद वो आ गया,

जो कभी भूला ही न था,

बस किताबों के बोझ तले दब गया था,

बहता हुआ बेनाम किनारे पर पहुँच गया था।

कुछ बच्चों को देखा,

तो पक्के फल की तरह टपका,

पैर के नीचे आया, तो उठाया,

अरे! ये तो वही पुराना खेल है!

तुम्हें याद नहीं होगा।

हम लंच ब्रेक में स्टापू खेलते थे,

हम रसोई से चोरी कर के चीनी खाते थे,

माँ का पिटाई वाला डंडा तोड़ के,

चुप चुप के मुस्कुराते थे,

छत पर जा के पतंग उड़ाते थे,

बारिश में कपडे खोल के,

आँगन में नहाते थे।

खेलने जब एक बार जाते थे,

तो वापस ही नहीं आते थे,

हमें एक दूसरे के कपड़े फिट आते थे,

टीवी देखने मोहल्ले के,

हर घर में पहुँच जाते थे,

ग्राहकी वाले पैसे माँ से छुपते थे,

8 बजे सोते थे और 4 बजे जग जाते थे।

5. Clouds

I was a kid very curious,
Round -round, soft- soft, non- serious,

I wanted to know everything,
Everything and anything,
About anything and everything,

The small and cute inquisitive me,
Wanted to know about potty,
Even though, I didn't find much,
But I did look up my sibling's butt.

I would be surprised to see,
that we eat food, we buy with money!
So, why can't we eat money itself?
So, I ate a coin, to find out myself!

I was forever intrigued by clouds,
How are they formed, why are they so high,
Who puts them in the sky?
I even did meteorology course to make my
hunger satisfy,
They taught me a bunch of lies,

I have met you and now I know,
Your clique and you,
Fly to the sky so blue,
In your shiny aircrafts,
Lift up the shafts,
On your cigarettes you puff & puff,
Until there are clouds enough!

6. सौर मंडल

मेरी मम्मा,
छोटे छोटे सौर मंडलों की विशेषज्ञा हैं|
वो जहाँ भी जातीं हैं वहाँ,
एक छोटी सी प्रदर्शनी छोड़ आती हैं|

अकसर आईनों के कोनों पर,
कभी दरवाज़ों के हाशियों पर,
और कभी कभी तो गुसलखाने की टाइलों पर भी,

कई सारे लाल- लाल बुध,
बड़े- बड़े बृहस्पति,
छोटे- छोटे चमकीले चाँद,
और अपनी ही धारियों वाले शनि भी कई सारे,

उन्हें देख के मुझे,
वो सारी कविताएँ,
होम वर्क में बनाए,
तमाम ढांचे और नक्शे,
याद आ जाते हैं,
जो हम बचपन में पढ़ते थे,

और एक प्यारी सी मुस्कान भी।

बू शर्ट पे तुम्हारी लगी ये,
बिंदी देख के लगता है,
शायद सारी ही माँए,
अपने बच्चों के लिए,
उनके नीजी, कई सारे,
सौर मंडल संजोतीं हैं,
उन्हे बताने के लिए कि,
इन सब का सूरज तो तू ही है!

7. Announcement

If there is anywhere to be seen,
A child wearing green,

He has wandered away far
Is cute, like children usually are,

His parents are worried,
They are sorry they hurried,

They are looking everywhere,
They even have a reward to spare,

So, if you see him toying around,
Or maybe just lying on the ground,

Be sure to let his parents know,
You might free them off their sorrow.

8. परिंदा

नादान परिंदे, लौट आना नहीं !
उड़ जा, ऊँचे पे बैठ कहीं |
हैं मिले पंख, तो आसमान नाप,
बन निडर, तू मत काँप|

रगों में बहता खून बर्बाद न होने पाये,
उम्र तेरी सारी पिंजरे में न कट जाए |

क्या मिली चोंच यह तुझको है,
कटोरी कनक की चुनने के लिए?
या गगन व्यापी आज़ादी,
का नित गीत गाने के लिए |
है मिली ये काया लघु तुझे,
की विशाल से डर कर रह जाए?
या सूक्ष्म होने पर भी,
प्रयत्न कर मील का पत्थर बन दिखाए |

तू बन्दी है, अगर,
तू डर कर रह जाता है|
तू मुक्त होगा तब,
तू मुक्त होना चाहता है |

पंख सवार फिर एक बार,
कर तैयारी उड़ान की,
अगर अबकी बार उड़ा नहीं,
तो उड़ न पाएगा कभी |

9. Flu

Oh! Ma, Ma, what should I do?
For I have caught a dangerous flu,
An infected guy,
passed by,
and presented me a smile,
then just after a while,
The symptoms showed up,
All my stress blew up,
And ma, since then I've been smiling
At the people who have been passing,

Oh! My child
Why do you behave so wild
There's nothing to worry
He smiled because he was feeling merry
He did it to show brotherhood
And didn't it actually feel very good?
So child, so that everyone can feel, what you felt,
don't break this chain of spreading this flu,
Smile, so that someone else can smile too.

10. Spectacles

And I found myself working,
I was working,
But not sure if I wanted to do that,
That, or anything.

And it was just like when one gets spectacles,
It is just as common,
Just as necessary,
Just as annoying,
And just as 'temporary'.

It began with the regular 0.5,
And I thought I'll just get out of these,
They did look cute,
Just like the salary I was postponing my life for.

It gave me a new look,
A breath of fresh air,
And I would honestly get flattered,
When people would compliment me!

People would talk about the money and exclaim
on the good deal I had,
Sometimes about how theirs were better,

Moisture would condense on them,
They would get scratchy,
Sometimes they would fall off,
I figured how to fix some stuff and people helped
too,

All in all, I became snug,
I accepted that I need these spectacles.

In no time these weren't good enough!
So I changed them,
For a new look,
For a breath of fresh air,
And I would honestly get flattered,
when people would compliment me.

Then I changed them again,
This time coz I couldn't see,
I completely forgot how I was going to take
precautions and get out of these.

I hopped one more with a higher number,

At one point I was even juggling with more than
just one,
One for a weekend parties,
One for dates,

Though I never invested in lens coz I saw them
as permanent,
And I had convinced myself that spectacles are
temporary,
You know I'll use precautions and get out of
these!

I became a routine over thinker of how I am not
using precautions and getting out of these,

But this one is about you,
Are you using precautions to get out of these?

11. Algebra

Algebra sought to teach more than we could grasp;
It posed weird problems,
That we all thought were a farce;

It said there is a boy,
And despite being a girl,
I would picture myself!

It would then say,
The boy's father is double his age,
& his grandfather triple his age!

And I being 9,
Could not fathom,
A father of 18 and grandfather of 27!

I could not even believe that I am x,
I am also y when added twice,
And I become z when added thrice!

I stayed just 9 for good 16 years,
Till I noticed the sprinkle of wrinkles on my father's fore-head,
And my grandpa's heavy breathing,

And realised, that while I sat in the flight to the future,
Not all can afford its tickets.

12.   एक मुलाक़ात की दास्तान

रात का रंग पहन कर आये थे,
पर किसी सहर के बोसे,
के मिजाज़ के लगे ।

रुक्सार नहीं हुआ, पर हाँ, हम गले मिले थे,
मोहब्बत नहीं हुई, पर मुमासिल हरकतें कर रहे थे,
हर दिन नये ख़्वाब में पिरो देते थे,
उलफ़त भरी मेरी ख्वाहिशों को तुम ज़ोर देते थे,

फिर?
फिर क्या था, तुम मशरूफ रहने लगे,
मैं समझती हूँ, मशरूफियत के दौर थे,
यूँ आम नहीं तुम्हारे, ये तौर थे|

माना, मुमकिन है,
दिल से दिल के ये रास्ते
शायद तय नहीं हो पा रहे होंगे तुमसे,
दर्द ये तुम्हारा, हुआ भी तो ईजाद है रूह से,

पर,

पर हमारे इंसान होने पर ही तरस खाते,

क्या है, क्यों है, कुछ तो बताते!

हमारे बारे में सोचने आप लगें,

हम तो 'हम' हैं भी या नहीं, ये भी नहीं जानते।

13.   समानांतर ब्रह्माण्ड

सुना रहा था कोई,
तो सुन लिया मैंने भी,
समानांतर ब्रह्माण्ड की,
होती है एक, थ्योरी।

अंजाम पूरा होता है,
समानांतर ब्रह्माण्ड में हर उस चीज़ का,
जो भी इस ब्रह्माण्ड में,
हो ना सका।

कि, की हो अपनी ड्रीम जॉब,
समानांतर ब्रह्माण्ड में किसी,
ये सोचने भर से ही,
बड़ी हुई तस्सली।

पूरी हुई हो अधूरी दिलग्गी कोई,
किसी में बनी होऊँ प्रधानमंत्री,
किया बड़ा अचम्भित,
हमें इन् विचारों ने भी,

इस सोच से, हम सोच में पड़े,
दुनिया के कितने भिन्न होंगे आकार

समानांतर ब्रह्मांडों के,
कैसे - कैसे होंगे प्रकार,

एक ऐसा भी जिस में हैं तीन पाकिस्तान,
एक ऐसा भी जहाँ कश्मीर ना हो इतना सुनसान,

किसी में सावरकर का सपना भी सच हुआ होगा,
वो अखण्ड भारत जाने, कैसा दिखता होगा?

गोडसे की अस्तियाँ भी बहा दी गई होंगी,
वो भारतीय स्वर्ण चिड़िया जाने कहाँ उड़ती होगी?

परंतु हम हैं वासी एक ही ब्रह्माण्ड के,
और बस एक ही सच्चाई सच होगी,
तुम चुनो वो सच्चाई कौन सी होगी?

14. Young help

Everybody sits,
And she stands,
My eye catches,
Her hand;

She owns a colour- very earthy,
Has hair slightly curly,
She stands bare feet,
Has shinning white teeth,

She stands with a curved spine,
Ages somewhere around nine,

She holds what she's told,
She's barely clothed & it's cold,
She turns and gulps what she's got,
Cautious! So that she isn't caught,
She eyes the food around,
Her smile is upside down,

I bend my back,
and extend a food pack,
She upsides down,
Her frown;
She moves her head in a no,
I ask her 'why no?'
'I'm full' is the reply,
A forced lie!

She wishes me Happy Birthday,
'Thank you' I say

I ask 'When's yours?'

'I don't know' she utters
'How old are you?'
I don't know that too!
She leaves with her owner,
and leaves me in wonder.

I think 'would have my life been the same?'
If I were uncertain of my name?
If I knew not where I am from?
Or who is my mom?
If I were a stranger to my birth date.
What situation would that create?
What would I do? What would I feel?
If I were her and she were me?

15.हालात

हालात अज़ीब से हैं

करम ये नसीब के हैं,

या शायद नहीं,

शायद गलती मेरी ही है,

या शायद किसी और की है,

या शायद नहीं।

उस आम के पेड़ सा हाल है,

जो सरदियो में आँसू बहाता बेमिसाल है,

इस कदर की, रो- रो कर नग्न हो जाता है,

क्योंकि वो खुद को अकेला पाता है।

वो अल्लाह मियाँ से फरियाद लगता है,

और उसकी प्रार्थना को सुन लिया जाता है,

उसके बाँझपन पर ग्रहण लग जाता है,

और वो अनगिनत बच्चों का बाप बन जाता है,

खुशी से फूला नहीं समाता है।

पर आम- चोरों से परेशान हो जाता है!

हर उम्र का बच्चा आकर उसे वो दे जाता है,

जिसके लिए वो यूँ तो खुद को अतृप्त पता है।

पर फिर क्यों ये उसके क्रंदन का कारण बन जाता है।

ऐसा क्यों? मेरी तरह, ये जानने में वो भी असमर्थ है,

इसकी ओर हर कोशिश व्यर्थ है।

हालात अज़ीब से हैं
करम ये नसीब के हैं,
शायद गलती मेरी ही है,
या शायद किसी और की है,
या शायद नहीं।

हाल मेरा अपने आप जैसा है,
जो हर नमाज़ उसके लिए करता है,
उसके पीछे रोज़ मरता है,
पर जब उसे हासिल करता है,
तो फरियाद करता है,
'वापस लेलो, नहीं चाहिए' कहता है ।

फिर सोचता है,
जो माँगा मैंने उसने वही दिया,
फ़िर क्यों मैंने लौटा दिया!
क्या, क्या माँगना है से भी मैं वाक़िफ़ नहीं?
पर मैं तो सही था, गलत नहीं,

शायद गलती मेरी ही है,
शायद ये नसीब के ही करम हैं
या शायद नहीं ।

16. तुआडी मुस्कान

मैं मति बरी तोपे अपर,
मिंजो नी मिले अखर,
गलती होआएं तां,
माफ करन्यो किरपा कर;

मैं गलाणा चाँदी थी कि,
मिन्जो तुआडी मुस्कान बड़ी छैल लगदी।

इयां लगदा जे,
तुआडी मुस्कानाजो दिखी दिखी के,
जिंदगी इन्या लंघादी,
जनता कोई टोलां पर खड्डा लंगदा,
जनता कोई रिडिया ते थल्यो लौंदा,
जनता ठंडा सैल्ड़ा पानी कुल्ला च बगदा।

जनता कोई स्याल्ड़े छ धूपा बैंदा,
जनता कोई ब्याए दिया धामा खांदा,
जनता कोई नेयाणां नची पोंदा।

मति बरी जालू मैं चुप होइयांदी,
कने 'कुछ नी' होया गलांदी,
तां मैं एहि सोचियांदी,

कि कुन देही अखरां दी माला बणाऊ,

कि तोहां जो दसी सकुं,

कि मिन्जो तुआडी मुस्कान बड़ी छैल लगदी।

17.   बाएँ

कुछ पाँच एक, साल की,
बच्ची छोटी, मैं जब थी।
दीवारें कक्षा की मेरी,
रंगीन हुआ करतीं थी।

मुझको तब आती थी,
वर्ण माला, टूटी सी;
फ़ीते बांधना अभी,
मैं सीख ही रही थी ।

तब लगी सिखाने अध्यापिका हमारी,
हमें चीज़ें नई नवेली,
दाएँ-बाएँ में अंतर न जानने वाली,
मैं कक्षा में, रह गई थी अकेली!

क़मीज़ की जेब को मेरी,
इशारा कर मम्मी मुझे ये बोली,
जेब वाली, ये बगल तुम्हारी,
याद रखो, है बाएँ होती।

रख लिया था, बाँध गाँठ,
मैंने दिमाग में, यह पाठ,

फिर भी उसने मुझे पुनः पढ़ाया,
परखने को मेरी यादाशत।

क़मीज़ की उसी जेब को उसने छूआ
एक पेंसिल दी मुझे, और बोला,
रख लो इसे, संभाल कर,"यहाँ",
ऐसा उसने कई बार किया।

कुछ पन्द्रह एक, साल की
तब कुछ बड़ी, पर मैं बच्ची ही थी,
मैं सहम गई थी,
और रोने लगी थी।

18. आवारा

ये शरबती से रंग का बदन,
ये हैरानियों को गिरवी दी हुई आँखें,

जब से देखे हैं, बस देखे ही जा रहे हैं,
समझना चाह रहे हैं, पर समझ नहीं पा रहे हैं ,
समझने की चाह में पहेलियां बूझा रहे हैं।

कि क्या,
किसी सुंदरी की मुग्ध करने वाली आँखों,
या किसी मशहूर वक्ता की बातों,
में पड़ गए थे?
जो इन राहों में आ गए हो?

न घर है न बार है,
जिंदगी बस दिन चार है,
तुम पे बस यही धुन सवार है!

कि घूमोगे फिरोगे आवारा गलियों में
सूंघते फिरोगे बस खुशबू कलियों में,
यूँ ही घूमोगे जिंदगी की रंग रलियों में?

19.   फँदा

बात बे बात,
एक बात याद आ गई,

पता तो थी ही,
पर जैसे समझ आ गई,

जिसे चैन की जिंदगी कहा,
उससे पल में उकता गई,

मिराज से प्रतीत होने वाले ताल में,
मानो धप सी समा गई,

सांसें कम और पानी ज्यादा,
पानी में बिन पानी की सी मछली हो गई।

पर क्या करती भविष्य की ना सोचती,
तो किसी भविष्य के वर्तमान में मरती।

अगर वसीहतें ना करती,
तो बिना वसीहतें मरती,

शादी के जोड़े अगर तय नहीं करती,
तो जबरन भी तो उठती है अर्थी,

मैं जो खुद की खुद सोचने लगी,
तो क्या ही गलती करदी,

साधु बनो या पाखंडी,
खत्म तो हो ही जाती है जिंदगी।

तो मैंने सही और कम सही,
में से एक राह चुन ली।

20. मंगलवार

उनके यहाँ मंगलवार,
नहीं होता होगा मंगलवार |
मंगलवारों को मिलने के वादे
छोड़े दिए जाते होंगे आधे |

यूँ की, मंगलवार को
मिलने को
कहे कोई जो,
तो,

घर साफ नहीं करते होंगे,
ना बनाते होंगे खाना,
ना चढ़ाते होंगे चाय,
घड़ियों को तो बार बार देखते ही नहीं होंगे,

भाषा में उनकी मंगलवार ना,
कोई कोड -वर्ड होता होगा,

यूँ की, मंगलवार को
मिलने को
कहे कोई जो,
तो,

समझ जाते होंगे,
कि वे नहीं आयेंगे |

पर वो क्या जाने
हिंदी भाषा के हिसाब से
मंगलवारों को भी मिलने के वादे
नहीं छोड़े जाते हैं आधे |

21.   फ़ुर्सत

सिखा दो तीरंदाजी कोई हमें,
वो चिड़िया मार लायें,
जिसे फ़ुर्सत है नाम दिया उसकी माँ ने,

कि अजी वो कहते हैं,
जब फ़ुर्सत होगी
तब बात करेंगे,

अब या तो कोई उन्हें बताए,
कि जब कयामत होगी तब ही फ़ुर्सत होगी,
या तो कोई हमें समझाए,
कि जब फ़ुर्सत होगी, तब तो कयामत होगी |

22.   द्वन्द

कुछ चीज़ें, मुझे हमेशा,
घेरबंद सी लेती हैं;
जैसे, मेरे विवेक को,
ज़ब्त सी कर लेती हैं,
मेरी मुस्तैदी के बावज़ूद,
मुझे गैर मुस्तैद गिरफ्तार कर लेती हैं|

घेर बंद तो क्या,
मुझे ये घर बंदी सी लगती है;
किसी नबालिग के सिर पर,
ज़बरन सेहराबंदी सी लगती है;
टलता भी ना हो, यह द्वंद,
मुझे हुई हो जैसे कोई आसकती सी लगती है|

है अतल पाताल का, क्या कोई मध्य लोक?
मुझे अपनी हालत बड़ी बेचारी सी लगती है|
हूँ रहती इसी चक्रव्यूह में घूमती,
मुझे हुई कोई बीमारी सी लगती है|
इस द्वन्द से आज़ादी,
मैं सोचती हूँ, जाने कैसी हो सकती है?

23.   बड़प्पन

बड़प्पन के पहले पहर में,
समझ आया मुझे ये,
कि बड़े होना होता क्या है?

सोचती थी मैं,
धेले दो पैसे के,
कमाने से,
हो जाते हैं, हम बड़े |

ITR भरने से,
या अपनी गाड़ी लेने से,
मिल जाते हैं हमें,
Adult pro होने के तमगे |

पर बड़प्पन के चौराहे,
पर मैंने जाना ये,
होता है,
खुद ही का परिवार खुद होना बड़े,

देना खुद ही को प्यार भरी मालिशें,
बनना खुद ही की राहत भरी साँसें,
अपनी माँ और पिता भी अपने,
खुद बनने,पर ही होते हैं हम बड़े |

24.   Company of men

I want to tell you about this urge I've been having,
to find myself in the company of men.
All kinds of men,
dark skinned with earlobes dangling,
light skinned with probably pink nipples,

Men with huge hands or small ones which they
use, to play video games or firmly hold warm
coffee, mugs in winter.

Men with protruding Adam's apples which move,
like a beautiful ripple on their necks when they
gulp, something.

Men with twirling moustaches, they are very
proud of,
Even men who feel cheated by mother nature for
not giving them any facial hair,
Men who are shy to tell you things they turn red
thinking of,
Men who joke cheekily and laugh all the times.

Men who wear colours and dance,
And men with little toes that don't touch the
ground.

25.   Hypochondria

Medicine students often experience
hypochondria,
hypochondria, is not,
the "power house of the cell",
that's mitochondria,

Hypochondria
Is like a medical adaption,
Of the Cranberries' song,
"It's in your head,
In your head,"
Yes! "Zombie, Zombie, Zombie".

It's the power of the,
Figment of imagination,
To physically feel,
Your thoughts because,
you read too much.

I've been experiencing,
The books I have been reading.

My friends have now become
Unwomen- they don't exist anymore,
My logs have
no texts
no pictures
no calls
no records at all,
as if they were never there ever.

My memory is dubious though,
I feel I did know someone,
I went lingerie shopping with,
I cooked with,
I borrowed pads from,
But all without much proof,

Everything I think,
My clever phone already knows,
As if its my own blood,
And soul;
It even telecasts my dreams,
For me,
No wonder,
Its never,
There in the dream itself,
Busy behind the scenes,
Working the dials of my mind,
Making me feel freedom is so heavy,
its practically slavery.

I guess ignorance is the real strength,
Else it's a war like peace,
For people like me,
Who have hypochondria and choose to read,
1984 and the Handmaid's Tale.

26.　सैटेलाइट सिस्टम

मेरे पापा को हरे रंग के,

साबुन अच्छे लगते हैं।

मेरे पापा अपने सामान से,

हमेशा नज़री दूरी बनाये रखते हैं।

वह मुझे टकलू कहते हैं।

मेरी मम्मी बोतलों के,

ढक्कनो को बोतलों पे,

बस टिका दिया करती हैं।

मेरी मम्मी सुबह जल्दी उठती हैं।

वो मुझे शाइनी कहती हैं।

मेरे भैया घरेलू तौर पे,

नींद का घोर कारोबार करते हैं।

मेरे भैया मीठा खायें,

और मीठा बोलें,

कि सबको हिदायत देते हैं।

वो मुझे मोटू बुलाते हैं।

नहाने के बाद मैं,

अपने आप को तौलिए से,

पोंछा नहीं करती हूँ;

बस पंखे के नीचे बैठ,
सुखने का इंतज़ार करती हूँ।
ख़ुश हो जाती हूँ,
देख कर बंदर या गाए।
मैं खुद को अच्छी बच्ची कहती हूँ।

मेरे परिवार के सदस्य सारे,
दो गज के फासले पे ही रहते हैं;
किसी विरले ग्रहण नुमा,
हम कम ही मिला करते हैं;
क्योंकि हम अपने घेरों से,
कभी दूर भी नहीं जाते;
मैं परिवार को अपने,
सैटेलाइट सिस्टम कहती हूँ